MES SOUVENIRS

SUR LES PRINCIPAUX ÉVÉNEMENTS

DE LA RÉVOLUTION

PRINCIPALEMENT CEUX DU DÉPARTEMENT DE LA VIENNE

PAR

THIBAUDEAU (ANTOINE-RENÉ-HYACINTHE)

INTRODUCTION

PAR

Th. DUCROCQ

PROFESSEUR A LA FACULTÉ DE DROIT DE PARIS, CORRESPONDANT DE L'INSTITUT
MEMBRE DU COMITÉ DES TRAVAUX HISTORIQUES ET SCIENTIFIQUES
DOYEN HONORAIRE DE LA FACULTÉ DE DROIT DE POITIERS, ANCIEN BATONNIER
ANCIEN PRÉSIDENT DE LA SOCIÉTÉ DES ANTIQUAIRES DE L'OUEST

POITIERS
IMPRIMERIE BLAIS, ROY & Cie,
7, RUE VICTOR-HUGO, 7

1895

Fin d'une série de documents
en couleur

A Monsieur Léopold
Delisle
respectueux hommage
Ch Ducrocq

INTRODUCTION

AU MÉMORIAL

DU PRÉSIDENT THIBAUDEAU

MES SOUVENIRS

SUR LES PRINCIPAUX ÉVÉNEMENTS

DE LA RÉVOLUTION

PRINCIPALEMENT CEUX DU DÉPARTEMENT DE LA VIENNE

PAR

THIBAUDEAU (ANTOINE-RENÉ-HYACINTHE)

PUBLIÉS

AVEC UNE INTRODUCTION

PAR

Th. DUCROCQ

PROFESSEUR A LA FACULTÉ DE DROIT DE PARIS, CORRESPONDANT DE L'INSTITUT
MEMBRE DU COMITÉ DES TRAVAUX HISTORIQUES ET SCIENTIFIQUES
DOYEN HONORAIRE DE LA FACULTÉ DE DROIT DE POITIERS, ANCIEN BATONNIER
ANCIEN PRÉSIDENT DE LA SOCIÉTÉ DES ANTIQUAIRES DE L'OUEST

INTRODUCTION

Les manuscrits que nous publions sont intitulés *Mes souvenirs sur les principaux événements de la Révolution, principalement ceux du département de la Vienne*. Leur auteur est Antoine-René-Hyacinthe Thibaudeau, né à Poitiers le 2 novembre 1737 (1) et mort dans la même ville le 20 février 1813 (2).

C'est l'auteur de l'*Histoire du Poitou*, le seul ouvrage « qui ait traité particulièrement notre histoire », a dit Dufour dans son *Introduction à l'ancien Poitou*. Les *Souvenirs* de Thibaudeau sur les événements de la Révolution dans le département de la Vienne forment en réalité la continuation de cette histoire. Ils en sont une suite, donnée par le même historien, en ce qui concerne une partie importante de notre ancienne province. Mais cette seconde partie de son œuvre historique présente cet intérêt spécial et cet avantage, que ne pouvait avoir la première, d'être écrite par l'homme politique et le magistrat, parlant des événements dont il fut le témoin, auxquels il a été mêlé, dont il a failli être la victime, en raison du rôle honnête et courageux de l'administrateur et du juge. Il a survécu, pour achever plus tard son utile et brillante carrière, à l'âge de 76 ans, dans sa

(1) Son acte de baptême figure à sa date dans les registres de l'ancienne *paroisse de Saint-Hilaire-de-la-Celle* déposés à la Mairie de Poitiers.

(2) Son acte de décès, figurant à sa date dans les registres des décès de la commune de Poitiers, porte qu'il est décédé « dans sa maison, rue des Feuillants, n° 155, paroisse Montierneuf ».

ville natale, après avoir été membre de l'Assemblée nationale de 1789, l'un des administrateurs du département dans la période la plus difficile de son histoire, président de son tribunal criminel, et le premier de la longue série des chefs de sa cour d'appel. Pour désigner l'auteur de ces précieux *Souvenirs*, nous pouvons le nommer purement et simplement le Président Thibaudeau.

Il était avocat très occupé au Présidial de Poitiers; il avait écrit l'*Histoire du Poitou;* il avait été le procureur syndic du tiers-état à l'unique session de l'Assemblée provinciale du Poitou d'août-novembre 1787 et de sa Commission intermédiaire, lorsqu'il fut élu le huitième des quatorze députés du tiers-état de la Sénéchaussée du Poitou aux États généraux de 1789. Sa signature figure au pied de l'acte solennel auquel aboutit la célèbre séance du Jeu de Paume. Nous reproduisons son portrait tel qu'il fut donné à cette époque dans la collection des portraits des membres de l'Assemblée constituante.

Lors de la constitution des nouvelles Assemblées départementales en juin 1790, Thibaudeau était à l'Assemblée nationale. Cette circonstance ne permettait pas aux électeurs d'en faire utilement le premier procureur général syndic du département de la Vienne. Néanmoins ils tinrent, malgré son éloignement, à l'élire à une des fonctions nouvelles, dans laquelle il pouvait être plus facilement suppléé, et le nommèrent procureur syndic du district de Poitiers.

L'état de sa santé, gravement affecté par le séjour de Paris, le ramena à Poitiers; et, dans les séances des 29 août au 7 septembre 1791, les électeurs, après avoir procédé à l'élection des députés à l'Assemblée législative, élirent Thibaudeau président du tribunal criminel de la Vienne.

Au commencement de décembre 1792, deux faits historiques importants s'accomplissent à la fois : l'élection des députés à la Convention nationale et le renouvellement légal des Corps administratifs dans toute la France. Les électeurs du département, réunis à Loudun, élisent Thibaudeau fils (Antoine-Claire) représentant du peuple à la Convention nationale(1), sur la présentation même de son père, et élisent Thibaudeau père procureur général syndic du département de la Vienne.

Avec cet homme considérable qui entre à ce titre dans l'administration du département de la Vienne, nous avons constaté ailleurs que « l'on sent une influence et une énergie nouvelles ; et bientôt les événements allaient montrer « que ce ne fut pas la faute des terroristes de la Vienne si « Thibaudeau n'a pas payé de sa vie ses fonctions de procureur général syndic ».

Dans les mémoires que nous publions, Thibaudeau, dont la réserve et la modestie sont très grandes, n'a pas parlé de ses actes de modération, de sagesse, d'humanité. Nous en avons cité des preuves, puisées dans les archives de la Vienne et aux archives nationales. Elles s'appliquent à la fois à son rôle comme procureur général syndic du département, et comme président du comité de surveillance et de salut public, chargé par la loi du 20 septembre 1793 de réviser tous les certificats de civisme.

Il y a quelques années, le Comité des travaux historiques

(1) Le conventionnel Thibaudeau, né à Poitiers le 23 mars 1765, mort à Paris le 1er mars 1854, dans la destinée duquel il était, après avoir été membre et Président de la Convention et du Conseil des Cinq-Cents, de devenir Conseiller d'Etat sous le Consulat, Préfet de la Gironde, Préfet des Bouches-du-Rhône, Comte de l'Empire, d'être exilé de France sous la Restauration, et de mourir, à l'âge de 91 ans, Sénateur du second Empire, après avoir publié de nombreux ouvrages sur la Révolution, le Consulat et l'Empire.

et scientifiques (section des sciences économiques et sociales) avait demandé au Congrès des sociétés savantes de la Sorbonne une étude approfondie sur cette institution des Procureurs syndics de 1790, devenus les Commissaires du Directoire exécutif de l'an III à l'an VIII. Une telle question n'est pas purement historique ; elle vise un des points les plus considérables de l'organisation administrative de la France. Il s'agit de savoir si cette institution doit être préférée, et nous avons répondu négativement, à celle des Intendants de l'ancien régime, ou à celle des Préfets du XIXe siècle, qu'elle sépare. Dans le travail que nous avons produit sur cet important sujet, et qui a été publié dans le *Bulletin du Comité* (1), après nous être expliqué d'une manière générale sur l'institution elle-même, nous avons, à titre d'exemple, suivi son fonctionnement dans le département de la Vienne. Dans cette partie de notre étude, nous avons eu à examiner le double rôle de Thibaudeau comme procureur général syndic et comme président du comité de surveillance et de salut public du département.

On nous permettra, dans un sentiment de haute justice pour la mémoire de notre auteur, de combler en partie la lacune de réserve et de modestie que nous constatons dans ses *Souvenirs*, en reproduisant les lignes par lesquelles nous terminons, dans notre travail de 1891, nos citations de cet ordre.

« Les Archives départementales de la Vienne, disions-nous alors, en contiennent une autre preuve particulièrement probante et précieuse. C'est une lettre de la citoyenne

(1) Notre étude intitulée : *Les Procureurs syndics de 1790 et les commissaires du directoire exécutif de l'an III à l'an VIII, avec l'histoire de l'institution dans le département de la Vienne.* (Bulletin du Comité des Travaux historiques et scientifiques, section des sciences économiques et sociales, année 1891, pages 157 à 191 ; et brochure extraite de ce Bulletin.)

Laforest de Boiscléret du 12 novembre 1793 (L. 118, 551) par laquelle elle prie Thibaudeau de lui renvoyer les certificats de civisme de trois de ses frères. Cette lettre contient le passage suivant : « Je n'ai point oublié, et n'oublierai de « ma vie, le service que vous m'avez rendu en contribuant « à rendre à mon père la justice qui lui était due et à lui « donner la liberté qu'il n'avait pas mérité de perdre. Ma « famille et moi vous en aurons une obligation infinie. »

« La reconnaissance de la noble femme ne la fait pas hésiter, malgré le mélange des fonctions, et sans qu'elle cherche à se rendre bien compte de cette autorité du procureur général syndic légalement dépendante du directoire du département. C'est en Thibaudeau que son cœur reconnaît le sauveur de son père et le protecteur de ses frères. L'hommage rendu, à une telle date et en pareils termes, est d'un haut prix pour la grande mémoire de cet homme de bien. Dans ce terrible mois de novembre 1793, mériter de tels hommages, c'était jouer sa tête (1). »

Dans ce mois de novembre 1793, en effet, se placent, et la mission du conventionnel Ingrand dans le département de la Vienne, et l'abominable lettre de son collègue Piorry du 15 brumaire an II (5 novembre 1793) à la société populaire de Poitiers (2). Cette lettre visait spécialement les

(1) Bulletin du Comité, *loco citato*, page 183; et notre brochure du tirage à part, page 26.

(2) Voici cette lettre :

« Braves et vigoureux sans-culottes,

« Vous avez paru desirer dans votre sein un bon bougre de représentant qui n'ait jamais dévié des principes, c'est-à-dire un véritable montagnard. J'ai rempli vos vœux et vous possédez, à cet effet, le citoyen Ingrand parmi vous.

« Songez, braves sans-culottes, qu'avec le patriote Ingrand vous pouvez tout faire, tout obtenir, tout casser, tout briser, tout renfermer, tout juger, tout déporter, tout guillotiner, et tout régénérer. Ne lui foutez pas une

Thibaudeau. Elle fut suivie bientôt de la révocation et de l'emprisonnement du procureur général syndic et président du comité de surveillance et de salut public du département.

La simplicité avec laquelle Thibaudeau raconte dans ses *Souvenirs* comment il fut, sur l'ordre qu'il en avait reçu, se constituer lui-même prisonnier, est particulièrement touchante. Il raconte que ce fut dans une maison nommée la maison d'Yversay. Sa fille, Mme Thomé, longtemps après, la montrait encore, rue des Hautes-Treilles à Poitiers, à ses enfants. Toutes les maisons de détention étaient remplies, et on transformait en prisons des maisons d'émigrés. Toute cette partie des mémoires sera lue avec un vif intérêt, et on trouvera sans doute que l'auteur est excusable d'accoler parfois de dures épithètes aux noms de Piorry et d'Ingrand, qui ont fait tous leurs efforts pour faire monter cet honnête homme sur l'échafaud. Grâce à eux, les ex-prêtres Planier et Piorry, l'un des cousins du représentant, mettaient alors la main sur le tribunal criminel et sur l'administration du département entièrement désorganisée par la loi du 14 frimaire an II (4 décembre 1793) *sur le mode de gouvernement provisoire et révolutionnaire*. L'article 6 (section III) de cette loi, en laissant subsister les directoires de départements, avait supprimé les conseils généraux, les présidents et les procureurs généraux syndics. Pendant ce temps la guillotine était en permanence à Poitiers. Elle y fit trente-cinq victimes, indépendamment de celles envoyées de Poitiers au Tribunal révolutionnaire de Paris. Sans la journée du 9 thermidor de l'an II, la noble tête de l'ancien constituant,

minute de patience; que, par lui, tout tremble, tout s'écroule, et rentre sur-le-champ dans l'ordre le plus stable. »

de l'ex-procureur général syndic, du président Thibaudeau, aurait suivi les autres. Il raconte en termes simples et saisissants comment il vit arriver enfin le terme de sa longue détention.

Après le régime de la Terreur, la réorganisation administrative ne fut pas immédiate. Elle fut l'œuvre de la loi du 28 germinal de l'an III (17 avril 1795) *relative à la réorganisation des administrations de département et de district*. Elle rétablit les fonctions antérieures au 31 mai 1793, et notamment « la place de procureur général syndic », alors rendue à Thibaudeau. Nous avons fait remarquer dans notre étude de 1891 que « cette seconde partie des fonctions « de procureur général syndic de Thibaudeau est généralement passée inaperçue de ses biographes (1) ». Nous avons cité des preuves de sa réinvestiture dans cette fonction, puisées aux Archives nationales et aux Archives de la Vienne.

Ce ne fut qu'après cette réparation éclatante, par la restitution de ses fonctions de procureur général syndic, et leur exercice jusqu'à leur suppression, que Thibaudeau redevint le président Thibaudeau, en reprenant son siège de président du tribunal criminel. En l'an VIII, il fut appelé à la Présidence du Tribunal d'appel de Poitiers, si bien due à ses lumières, à son expérience, à son patriotisme et à son courage.

Une des fortunes de sa carrière aura été de recevoir sa récompense au milieu de ses concitoyens, là même où, pendant la tourmente révolutionnaire, il avait exercé les fonctions à l'occasion desquelles ses ennemis avaient, en 1793, cherché à le faire guillotiner.

(1) Notre brochure sur *les Procureurs syndics*, page 29, et dans le *Bulletin du Comité*, *loco citato*, pages 185 et 186.

C'est en exécution de la Constitution consulaire du 22 frimaire de l'an VIII que cette haute fonction de Président du Tribunal d'appel est créée et que, le 8 floréal an VIII, le président Thibaudeau en est investi. Ses *Souvenirs* contiennent à ce sujet des révélations curieuses, simplement faites, et qui sont de nouvelles preuves de son caractère modeste et désintéressé. En présence du nouvel ordre de choses sorti du coup d'État du 18 brumaire, malgré l'éclat des services qu'il a rendus au pays, ce père de famille, de fortune modeste, ne sait le sort qui lui sera réservé. Le premier préfet de la Vienne vient d'être nommé. C'est Cochon de l'Apparent, conseiller à Fontenay (Vendée) avant 1789, qui avait été le premier des deux *adjoints partans* aux députés du tiers-état de la sénéchaussée du Poitou à l'Assemblée constituante; Faulcon, conseiller au présidial de Poitiers, avait été le second. Cochon avait été depuis ministre de la police générale sous le Directoire. Il connaissait le président Thibaudeau depuis de longues années. Dans l'ignorance où il était lui-même du sort réservé par le pouvoir central à Thibaudeau, le préfet Cochon lui offrit de demander pour lui, et l'engagea à demander de son côté, le poste, également de création nouvelle, mais secondaire, de Secrétaire général de la préfecture du département de la Vienne. Notre premier préfet s'assurait ainsi un éminent collaborateur, connaissant mieux que personne son département. Mais le succès d'une semblable combinaison eût été un étrange renversement des rôles. Cependant le Préfet fit la demande et Thibaudeau eut la modestie d'écrire également à Paris pour obtenir d'être le secrétaire général de son ancien suppléant à l'Assemblée constituante,

Il reproduit à cet sujet des lettres très curieuses de l'ex-député Faulcon. Il fallut que ce furent les Consuls de la République et le Ministre de la justice qui accueillirent cette singulière requête, en répondant que « Thibaudeau n'était « pas fait pour être le secrétaire de Cochon ». Faulcon lui écrit alors : « Il vous faudra demeurer président du Tribunal « d'appel. » On sent que Faulcon eût autant aimé le voir secrétaire général de la préfecture, et il avoue dans une autre lettre que cela coïnciderait bien avec les vues de son « ami « Regnault de Saint-Jean d'Angely qui voulait faire nommer « le citoyen Bonnegent à la présidence du Tribunal d'appel». C'est ainsi que Thibaudeau est devenu le Premier Président Thibaudeau.

Il fut élu le 6 germinal an X par le Sénat conservateur député de la Vienne au Corps législatif de l'Empire et le 11 vendémiaire an XII il fut nommé membre de la Légion d'honneur. C'est avec ces insignes et le costume de ces fonctions qu'il est représenté dans le second et beau portrait que nous reproduisons. Ce portrait a servi de modèle à celui en robe rouge de Thibaudeau, placé par la Cour d'appel de Poitiers dans sa chambre du conseil, en tête des portraits des premiers présidents de cette Cour.

Lors du rétablissement des Écoles de droit en vertu de la loi du 22 ventôse an XII et du décret du 4e jour complémentaire an XII, chaque École de Droit avait un conseil de discipline et un conseil d'administration. Dans le procès-verbal imprimé de la séance d'ouverture de l'École de Droit de Poitiers, le 23 juin 1806, sous la présidence de Chabot de l'Allier, Inspecteur Général, Thibaudeau figure le second des membres du conseil de discipline, de la manière suivante « Thibaudeau, législateur, premier Président de la

« cour d'appel ». C'est ce titre qu'il emportait dans sa retraite.

Une chute terrible que fit Thibaudeau, à Paris, à l'entrée du Corps législatif, l'avait obligé à se démettre de ses fonctions. Nous avons dit qu'il est mort à Poitiers le 20 février 1813, âgé de 76 ans.

Tel fut l'éminent auteur des *Souvenirs* que nous publions, l'un des hommes qui ont le mieux servi et le plus honoré le Poitou, par sa vie et par ses écrits. Son nom est inséparable de l'histoire de notre province, y compris, grâce à ses *Souvenirs*, l'histoire, dans le département de la Vienne, du grand drame de la fin du siècle dernier.

Trois semaines après sa mort, le *Journal de l'Empire* et le *Moniteur Universel*, du 15 mars 1813, lui ont consacré un même article très élogieux. Il n'en est pas moins véridique, bien que l'on puisse y reconnaître une inspiration de piété filiale, qui honore l'inspirateur et celui sur la tombe encore chaude duquel on pouvait parler ainsi. Nous reproduisons en note cet article nécrologique à titre d'important document historique (1).

(1) « Antoine-René-Hyacinthe Thibaudeau, membre de la Légion d'honneur, est décédé à Poitiers le 20 février 1813, à l'âge de 76 ans. Reçu avocat au présidial de Poitiers en 1762, il s'était acquis par ses talents, ses lumières et son intégrité, l'estime et la confiance de toute sa province. En 1788, il fut nommé Procureur syndic de l'Assemblée provinciale du Poitou, et, en 1789, Député aux Etats-généraux. Il fut ensuite successivement Procureur syndic du district de Poitiers, Procureur général syndic du département, Président du Tribunal criminel, Président de la Cour d'appel en l'an VIII, et Député de son département au Corps législatif en l'an X. Dans ces fonctions, dont l'exercice ne fut interrompu que par un emprisonnement d'un an, en 1793, il se distingua par son zèle infatigable, son désintéressement, sa sagesse, sa modestie, son amour pour la justice et son dévouement à sa patrie. Il réunissait les qualités aimables de l'homme du monde à la gravité du magistrat. L'étude des lois, dans lesquelles il était profondément versé, ne lui avait pas fait négliger les lettres. Dans l'interrègne des Cours de justice en 1778, il consacra ses loisirs à l'histoire de sa province et en publia un abrégé en 6

En retraçant la vie de l'auteur des mémoires que nous publions, nous en avons indiqué l'objet. Il nous reste à décrire les manuscrits qui les contiennent, à indiquer leur date, et à dire comment ils nous sont parvenus après être restés, depuis 1813, dans le secret de la famille Thibaudeau. Un membre distingué de cette famille en est propriétaire, et a bien voulu nous autoriser à en faire la publication.

Ces manuscrits sont entièrement écrits de la main de Thibaudeau. A titre de *fac simile*, nous en reproduisons la première page, qui contient le titre tel que nous l'avons donné plus haut et les indications qui vont suivre. Il y dit que, « ce recueil forme trois petits volumes ». Ils sont du format *petit in-octavo*. Le premier traite des événements accomplis depuis 1787 (mais en quelques lignes seulement pour la période antérieure à 1789) jusqu'en frimaire an II. « Le second comprend, dit-il, les faits depuis brumaire an II *jusqu'à présent*. » Comme le dernier événement rapporté par l'auteur est la nomination de M. de Pradt à l'évêché de Poitiers en pluviôse an XIII (décembre 1804), nous devons en conclure, d'après ces mots *jusqu'à présent*, que c'est à cette époque que Thibaudeau les a écrits.

Ce sont ces deux volumes que nous publions. Le troisième nous a été également confié. Il contient, comme le dit encore Thibaudeau dans la même première page de son

volumes in-12, rempli de recherches savantes et d'une saine critique. Sa forte constitution lui promettait une plus longue carrière, mais une chute violente qu'il éprouva en l'an XIII, à la porte même du Corps législatif, porta un coup mortel à son existence et le força à prendre sa retraite. Bon père, bon époux, bon citoyen, il laisse une mémoire chère aux hommes de bien, et des souvenirs honorables au Barreau. Il emporte les regrets de tous ses concitoyens, de ses nombreux amis, et d'une famille composée encore de sept enfants, dont l'un est M. le comte Thibaudeau, conseiller d'État, préfet du département des Bouches-du-Rhône. » (*Journal de l'Empire* du 15 mars 1813; et *Moniteur universel* du même jour.)

tome Ier, « une table alphabétique du *Moniteur*, des noms « des législateurs et autres personnages célèbres de notre « temps ». Si cette table avait été publiée en 1804, au moment où l'écrivit l'auteur, ou à une époque rapprochée, elle aurait pu présenter un vif attrait. Mais depuis cette époque, tant de tables ou de dictionnaires de cette nature ont été imprimés, que ce troisième volume, après une période de quatre-vingt-dix ans, ne comporte pas une publication, contrairement au mémorial qui le précède.

Les deux premiers volumes, seuls publiés par nous, sont rédigés en forme d'éphémérides. Ce sont des notes, généralement laconiques, placées à la suite de chaque date. Il arrive quelquefois que le manuscrit a interverti l'ordre des dates, ce qui en rend alors la lecture difficile. Ce sont là des accidents de rédaction que l'auteur eût rectifiés lui-même, s'il eût publié ces mémoires. Nous avons exactement rétabli l'ordre des dates. C'est le seul changement que nous ayons cru pouvoir et devoir nous permettre, parce qu'il est conforme à la volonté et à la méthode de l'auteur.

Un autre caractère de ces manuscrits est, qu'en réalité, chaque volume se compose de deux parties : 1° les mémoires proprement dits rédigés en la forme qui vient d'être indiquée, et 2° des additions assez étendues qui terminent chaque volume. C'est ce que l'auteur indique, dans la première page, donnée en *fac simile*, par ces mots : « Il y a, à « la fin, quelques additions qu'on retrouve à chaque épo- « que du récit par des renvois aux pages de ces additions. » La vérité est que ces renvois sont généralement demeurés à l'état d'intention de la part de l'auteur, et ne présentent aucune ressource pour tempérer ce vice de composition d'une œuvre en deux parties.

Nous avons cru cependant devoir conserver cette division adoptée par l'auteur, malgré les inconvénients incontestables qui en résultent pour le lecteur et l'ennui d'avoir à rapprocher sur divers points ces deux parties.

Chacun de ces volumes est relié en parchemin, recouvert de papier vert clair.

Le tome Ier (outre le premier feuillet non numéroté, écrit seulement au *recto* et contenant le *fac-simile* et ses indications relatives aux trois volumes) renferme 81 feuillets écrits au *recto* et au *verso*, sauf les deux derniers, qui ne sont écrits qu'au *recto*, et forment 158 pages manuscrites numérotées par l'auteur. Elles sont suivies de huit feuillets, entièrement blancs à la fin du volume. Ainsi que nous venons de le dire, ce tome Ier se compose de deux parties : 1° les mémoires ou *Souvenirs* proprement dits, comprenant les 130 premières pages (avec omission dans le numérotage de la 130me page) ; et 2° les additions, parfois empruntées à des ouvrages contemporains, comprenant les 28 dernières pages.

Le tome second, outre le premier feuillet non numéroté, reproduisant au *recto* le titre de l'ouvrage, avec l'indication du tome II, renferme 78 feuillets écrits au *recto* et au *verso*, formant 156 pages manuscrites numérotées par l'auteur.

Malheureusement le feuillet contenant les pages 125 et 126 est déchiré ; il n'en reste plus qu'une largeur variant, sur la longueur totale, de 14 à 20 millimètres, et ne contenant au *recto* (page 125) que les dates des 5, 13, 18 germinal, 11 21, 24, 29, 30 floréal, 19 prairial, 6 et 13 messidor, 14 thermidor, 23 et 27 fructidor an X. Ces quatorze dates à la même page sont très rapprochées et indiquent que, sauf pour la première, le manuscrit ne contenait qu'une ou deux lignes pour les 13 autres. Le texte de la dernière date paraît être continué au *verso* (page 126). La partie restante du feuillet déchiré ne contient que six fins de lignes, de quelques lettres seulement, ne permettant même pas la reconstitution des mots qu'elles terminaient. La date qui est en tête de la page 127 est celle du 27 ventôse an X. Cette mutilation regrettable est la seule qu'aient subie ces deux volumes; elle paraît ancienne ; rien ne révèle à quelle époque elle remonte.

Les 134 premières pages de ce tome second appartiennent aux mémoires ou *Souvenirs* proprement dits ; et les pages 135 à 156 aux additions. Suivent ensuite, 2 feuillets blancs, puis 2 feuillets portant 1° la *récapitulation des membres de la Convention nationale qui ont péri, condamnés, suicidés, assassinés, emprisonnés* (*total 77*); et 2° la *récapitulation des députés mis en arrestation, déclarés inéligibles au Corps législatif, par décret du 5 fructidor an III* (*total 66*). Enfin le volume se termine par 9 feuillets entièrement blancs.

Nous devons constater que le manuscrit est d'une lecture assez difficile, bien qu'encore très sûre, mais qui ne paraît pas devoir l'être longtemps ; en effet l'encre de ce manuscrit bientôt séculaire, sur un certain nombre de pages, commence à s'effacer.

La société des Antiquaires de l'Ouest, en le publiant, rend un service d'autant plus signalé que ce danger est plus grand, en outre des périls ordinaires auxquels est exposé ce genre de propriété privée.

Le fait même que, depuis leur achèvement, ces manuscrits, pendant près de quatre-vingt-dix ans, sont demeurés dans la famille Thibaudeau, ignorés du public, prouve aussi l'importance du service que la Société des Antiquaires de l'Ouest, par cette publication, rend à l'histoire de notre pays.

Nous devons dire maintenant par suite de quelles circonstances nous avons eu l'heureuse fortune d'apprendre l'existence de ces manuscrits et d'en devenir l'éditeur.

A l'heure même où nous écrivons ces lignes, une petite fille de Thibaudeau, la dernière survivante de cette génération, habite encore Poitiers. Elle voudra bien nous permettre de dire que son esprit alerte et vif ne trahit pas ses quatre-vingt-deux ans, de même que son cœur est toujours rempli du souvenir fidèle de son grand-père et de son oncle. Mademoiselle Louise Thomé est la fille de madame Thomé, fille elle-même de Thibaudeau, l'auteur des *Souvenirs*, et sœur du conventionnel le comte Thibaudeau. C'est Mademoiselle Louise Thomé, petite fille du premier Thibaudeau et propre nièce du second, qui est propriétaire des deux portraits, décrits ci-dessus, qu'elle conserve avec un soin pieux comme reliques de famille. Elle a bien voulu nous permettre d'en faire prendre, par notre confrère M. Perlat, photographe de la Société des Antiquaires de l'Ouest, et l'un de ses membres, les photographies sur lesquelles nous les publions. Au nom de la Société, comme en notre nom personnel, nous prions Mademoiselle Louise Thomé de vouloir bien agréer nos respectueux remerciements.

Mademoiselle Louise Thomé n'est pas propriétaire des manuscrits de son aïeul que nous publions. Elle ne paraissait pas même en connaître l'existence ou en avoir conservé le souvenir. Cependant c'est à elle que nous devons d'avoir pu les découvrir.

Lorsqu'en 1891 nous eûmes l'honneur de faire hommage à Mademoiselle Louise Thomé de notre brochure (ci-dessus mentionnée) sur l'institution des Procureurs syndics de 1790, dans laquelle nous rendions à la mémoire de son aïeul la

justice qui lui est due, elle voulut bien nous indiquer les personnes de sa famille que ce travail pouvait intéresser. Dans ce nombre, se trouvait Madame Gabrielle Thomé de Gamond, habitant Paris, fille d'un frère de Mademoiselle Louise Thomé, qui fut l'éminent ingénieur, auteur du projet de percement de tunnel sous la Manche, qui réunirait depuis longtemps la France et l'Angleterre, sans l'opposition systématique des influences militaires dans le Parlement de la Grande Bretagne. Madame Gabrielle Thomé de Gamond est ainsi l'arrière-petite-fille de Thibaudeau père et la petite-nièce du comte Thibaudeau.

En remerciement de l'hommage de notre brochure sur les Procureurs syndics de 1790, elle voulut bien nous offrir communication de manuscrits, qu'elle croyait être de son grand-oncle, et qu'elle avait serrés avec un soin jaloux dans un tiroir secret, où elle ne put les retrouver que quelques semaines plus tard. Ce sont les trois volumes que Madame Gabrielle Thomé de Gamond a eu l'extrême bonté de nous confier, qu'elle a reconnus avec nous être l'œuvre de son bisaïeul, et qu'elle a bien voulu nous autoriser à faire copier et à publier.

Telle est l'histoire de ces manuscrits, aussi ignorés qu'inédits, et que nous suivons ainsi des mains de leur auteur jusqu'à nos jours, sans solution de continuité pendant ces quatre-vingt-dix ans. A la mort de Thibaudeau père, en 1813, ils sont devenus la propriété de sa fille, Madame Thomé, habitant Poitiers, près de son père; à la mort de Madame Thomé, ils sont devenus la propriété de son fils, M. l'ingénieur Thomé de Gamond; et, à la mort de celui-ci, ils sont devenus la propriété de sa fille, Madame Gabrielle Thomé de Gamond qui se la réserve pieusement, tout en nous les confiant momentanément, avec autorisation de les publier.

Nous ne saurions trop exprimer toute notre gratitude à Madame Gabrielle Thomé de Gamond ; et le Conseil de la Société des Antiquaires de l'Ouest, qui a pris connaissance de ces manuscrits, qui les a fait copier, et qui a voté leur publication immédiate, joint aux nôtres, ainsi que la Société elle-même, tous ses remerciements.

Il est de notre devoir de constater, ici, qu'aussitôt nanti de ces manuscrits, et de l'autorisation de les publier, nous avons cru devoir en saisir la Section des sciences économiques et sociales du Comité des travaux historiques et scientifiques, dont nous avons l'honneur de faire partie. Cette section, sur notre proposition et celle de notre confrère M. le Vice-Président Tranchant, qui avait pris connaissance des trois volumes, a émis un vœu favorable à la publication des deux premiers. La Section d'histoire du Comité, plus spécialement compétente, a exprimé l'avis qu'en raison de leur caractère intéressant plus particulièrement le département de la Vienne ils fussent publiés par la Société des Antiquaires de l'Ouest, et nous a invité à faire des démarches à ce sujet. M. le Ministre de l'Instruction publique nous a fait l'honneur de nous écrire dans ce sens (1).

Nous venons de dire avec quel empressement patriotique et scientifique nos démarches ont été accueillies par le Conseil de la Société des Antiquaires de l'Ouest, sur le rapport de M. Ledain, ancien Président, à qui les deux volumes de manuscrits à publier ont été communiqués.

Ajouterons-nous, à tout ce que nous venons de dire de

(1) *Voir*, sur tous ces points, les procès-verbaux des séances du Comité des travaux historiques et scientifiques (section des sciences économiques et sociales) des 15 nov. 1893, 17 janvier, 21 février, et 21 mars 1894 (*Bulletin du Comité, section des sciences économiques et sociales*, 1893, p. 302 ; 1894, p. 3, 60 et 72).

l'authenticité, de la matérialité, de l'histoire et de l'intérêt de ces manuscrits, que leur véracité n'a pas seulement pour garant le caractère de haute honorabilité du Premier Président Thibaudeau. Ils en portent la marque dans leur rédaction même, si simple, si pleine de bonne foi, si naïve parfois, donnant même par instants des faits de peu d'importance qui peuvent le faire critiquer et qu'il pouvait omettre. La lecture des *Souvenirs* donne à penser que Thibaudeau n'écrivait ni pour le public ni pour la postérité. Ils trouveront peut-être l'un et l'autre que ces *Souvenirs* n'en ont que plus de prix.

D'ailleurs, en cherchant à contrôler quelques points de ces mémoires, nous avons partout constaté leur sincérité et leur véracité. Pour terminer, nous en donnons quelques exemples.

Le passage si curieux du 1er volume des *Souvenirs*, racontant, à la date du 9 avril 1791, la réception brillante et l'installation à Poitiers du premier Évêque constitutionnel Lecesve, curé de la paroisse Sainte-Triaise de Poitiers et membre de l'Assemblée nationale (1), fait la lumière sur cet épiscopat d'une durée si courte que, dans le public de nos jours, on pouvait se demander si Lecesve avait effectivement

(1) Lecesve avait été l'un des trois curés du Poitou, qui, les premiers, passèrent, le 13 juin 1789, à l'Assemblée du Tiers-Etat et furent suivis ensuite par les Assemblées du clergé et de la noblesse.

Les deux autres curés étaient Jacques Jallet, curé de Chérigné, né à la Mothe-Saint-Héraye (Deux-Sèvres), et Ballard, curé du Poiré-de-Velluire (Vendée). Ils figurent tous les trois dans le tableau célèbre du *Serment du jeu de paume* de David. Lecesve est celui des personnages qui élève les mains jointes vers le ciel.

Certains auteurs racontent que c'est sur le conseil de Thibaudeau que Lecesve s'était réuni au Tiers-Etat, et que l'évêque de Poitiers, de Saint-Aulaire, membre également de l'Assemblée nationale, aurait, par ce motif, enlevé à Thibaudeau la clientèle de l'évêché de Poitiers dont il était l'avocat. Le silence

occupé l'Évêché de Poitiers. « Il fut installé, dit Thibaudeau, « le 10 avril 1791 et mis en possession de l'Évêché... Le « nouvel évêque ne jouit pas longtemps de son triomphe. « Il mourut le 22 du même mois d'avril à l'âge de 58 ans, « inhumé le lendemain à la cathédrale, chapelle des Évê-« ques... »

Pour vérifier ces faits, nous avons recherché à la Mairie de Poitiers l'acte de décès de Lecesve. Il confirme le passage des *Souvenirs* de Thibaudeau. Cet acte est intitulé au registre : « *Sépulture de Monsieur l'Évêque.* » Nous le transcrivons en note(1).

Thibaudeau n'est pas moins véridique lorsqu'il rapporte les événements qui le touchent directement. S'agit-il par exemple de la trop fameuse lettre du représentant Piorry du 15 brumaire an II (5 novembre 1793) ci-dessus rapportée

absolu sur tous ces points, du mémorial de Thibaudeau, malade à Poitiers en mai 1789, encore malade à Versailles en juin 1789, suffit à montrer l'inanité de ce récit qui ne repose sur aucune preuve. Il est certain d'ailleurs que Thibaudeau, à partir de son élection à l'Assemblée nationale, a cessé l'exercice de sa profession d'avocat et ne l'a plus repris. Il y a lieu de laisser à chacun des trois curés du Poitou tout le mérite de leur généreuse et patriotique initiative, ainsi que le fait le mémorial de Thibaudeau lui même (*Voir* p. 34).

(1) « Sépulture de Monsieur l'Evêque. — L'an 1791, et le 23e jour du mois d'avril, le corps de M. René Lecesve, évêque du département de la Vienne, dont le siège est en cette ville, décédé d'hier en la paroisse de Saint-Hilaire, âgé de 60 ans ou environ, Député à l'Assemblée nationale, a été inhumé en cette Eglise, dans la chapelle des Evêques, par moi, premier vicaire de la Cathédrale, soussigné, en présence de M. François Ingrand, membre du directoire de ce département, et d'autres membres du même directoire, de Messieurs les officiers municipaux de cette ville, qui ont signé avec nous de ce interpellés. P. Fr. Piorry, Creuzé maire, Montault prêtre, Gennet le jeune, Crémiers, De Méré, Fr. Ingrand, Barbier, Texereau, Sabourin, vicaire de la Cathédrale, Leblond, Guilleminet, premier vicaire de la Cathédrale. »

Cet acte contient deux autres signatures illisibles.

Il figure à sa date au registre intitulé : *Premier registre des actes de baptêmes, mariages et sépultures, faits à la paroisse cathédrale du département de la Vienne séant à Poitiers où est établi l'Evêché, année 1791, pour demeurer au secrétariat du conseil épiscopal,* (page 7), qui le visait sans le nommer? de sa révocation comme procureur général syndic et de son emprisonnement, qui en furent les conséquences? Tout ce qu'il dit est confirmé. D'abord, par Piorry lui-même qui fut obligé de reconnaître l'exactitude de cette lettre (1) dans la séance de la Convention du 22 thermidor de l'an II; ensuite par les efforts que fit Thibaudeau fils à la Convention pour sauver son père, et qu'il a racontés lui-même dans un écrit du temps stigmatisant Ingrand et Piorry, et intitulé *Histoire du terrorisme dans le*

(1) Cette lettre a contribué, avec l'ensemble des actes de Piorry pendant la Terreur, à le faire décréter d'accusation par le décret du 22 thermidor de l'an III. Il fut de ceux que frappait d'inéligibilité l'article 8 du décret du 5 fructidor de l'an III (22 août 1795), du même jour que la Constitution directoriale. Piorry bénéficia de l'amnistie du 4 brumaire an IV.

Une erreur, souvent répétée, consiste à considérer le conventionnel Piorry dont nous parlons, et dont il doit être si souvent question dans les mémoires de Thibaudeau ici publiés, comme étant le père du célèbre médecin Pierre-Adolphe Piorry, professeur à la Faculté de médecine de Paris et membre de l'Académie de médecine, né à Poitiers le 10 nivôse an III (30 décembre 1794). L'acte de naissance en date du 11 nivôse an III (31 décembre 1794), par nous relevé sur les registres des actes de l'état civil de la commune de Poitiers, constate que le père comparant est *Pierre Modeste* Piorry et que la mère « son épouse en légitime mariage » se nommait *Julie Picault*; l'un des témoins était un autre parent Louis-Simon Piorry. Or, il est certain que les seuls prénoms du conventionnel Piorry étaient *Pierre-François* (dont les initiales *P. Fr.* précèdent partout sa signature), et qui figurent dans son acte de baptême à Poitiers du 1er avril 1758, comme dans son acte de décès. Il est certain aussi que sa femme se nommait *Adélaïde Guéritault*.

Après avoir passé de longues années loin du Poitou et de la France (investi d'abord de fonctions de magistrature à Anvers, à Trèves et à Liège, de l'an V à la Restauration), il habita Poitiers pendant le règne du roi Louis-Philippe, et y mourut le 23 janvier 1847. Nous avons relevé à cette date son acte de décès sur les registres de la ville de Poitiers, et il y est constaté que les témoins, l'un cousin, l'autre neveu du défunt, ne portant ni l'un ni l'autre le nom de Piorry, ont déclaré « que M. *Pierre-François* Piorry, ancien magistrat, « âgé de 88 ans, natif et domicilié en cette ville, veuf de dame *Adélaïde Gué-* « *ritault*, est décédé ce jour à neuf heures du matin ».

Les actes de l'état civil établissent donc d'une manière positive que le professeur Piorry n'était pas le fils du conventionnel, mais d'un de ses cousins. D'ailleurs, cette erreur, et bien d'autres, se trouvaient déjà rectifiées dans une biographie très circonstanciée du professeur Piorry, publiée sous son contrôle, sinon sous sa dictée, dans le *Panthéon des Illustrations françaises du XIX*e

département de la Vienne (1). En outre la confirmation implicite de toute cette partie des *Souvenirs* de Thibaudeau résulte des pièces publiées de la mission réparatrice du représentant Chauvin dans le département de la Vienne après le 9 thermidor (2). Disons enfin que Thibaudeau lui-même, dans ses *Souvenirs*, fournit nombre de preuves, spécialement par la reproduction de lettres du plus grand intérêt.

siècle par Victor Frond (tome XI, à sa place alphabétique), avec un très beau et très ressemblant portrait et un autographe. On lit dans cette biographie le passage suivant : « En 1823, il se présenta pour *le concours de l'agrégation*. « Mais, dans ce temps de fanatisme religieux, on raya son nom de la liste des « candidats, car il se nommait Piorry, et l'on se rappelait *qu'un de ses* « *parents* avait été conventionnel. *Ce motif avait paru d'abord suffisant pour* « l'écarter du concours. Laennec tâcha de réparer cette injustice ; il le fit réin- « tégrer sur la liste. » La suite du passage constate qu'il échoua à ce premier concours, mais fut nommé agrégé *à un concours suivant*, sous la Restauration ; il fut nommé plus tard, après de nouveaux concours subis, à une chaire, sous le gouvernement de Juillet. Indépendamment des erreurs également commises et qu'elle *rectifie relativement* à une exclusion effective des concours d'agrégation jusqu'en 1830, cette biographie est bien en harmonie avec les actes de l'état civil de la ville de Poitiers, en constatant que le professeur Piorry n'était que *le parent*, et *non* le fils du conventionnel.

Ajoutons enfin que Pierre-François Piorry, le conventionnel, est mort sans laisser aucune descendance, et que sa succession a été partagée entre deux neveux *qui ne* portaient pas son nom. Cette vérité historique est doublement utile à constater ici, d'une part, parce que le contraire a été écrit et est encore répété dans de récents ouvrages, et, d'autre part, parce qu'en publiant en Poitou, où le nom de Piorry a été très répandu et est honorablement porté, des mémoires sur la Révolution française dans le département de la Vienne, dans lesquels les actes du conventionnel Pierre-François Piorry pendant la Terreur sont racontés et stigmatisés, il n'est que juste, bien que ses descendants n'en eussent été en rien responsables, de constater ce fait certain qu'il n'en a point laissé.

(1) *Histoire du Terrorisme dans le département de la Vienne*, par A.-C. Thibaudeau, représentant du peuple (Paris, an II, in-8 de 84 pages).

(2) *La Révolution du département de la Vienne, suite de celle du 9 thermidor* (Poitiers, Chevrier, an IIIe de la République), et *Procès-verbal des séances de la Société populaire de Poitiers tenues sous la présidence du citoyen Chauvin, représentant du peuple* (102 pages). — *Notes et pièces recueillies par le Comité de l'instruction publique de la Société populaire de Poitiers, pour être jointes au procès-verbal fait par le citoyen Chauvin, représentant du peuple, délégué dans le département*. (Poitiers In-8 de 187 pages ; Barbier).

Sur cette période et sur quelques autres, de 1789 à 1804, en dehors des époques où il fut malade à Paris, Thibaudeau ajoute, aux événements déjà connus, des incidents de toutes sortes qui ne l'étaient pas, des observations toujours sobres et précises, et révèle des circonstances ignorées dont le détail donne à l'histoire de notre département, à la fin du XVIIIe siècle et au commencement du XIXe, son véritable caractère, dans des conditions qui ne sont pas sans intérêt pour l'histoire générale de la France.

TH. DUCROCQ

Extrait des MÉMOIRES DE LA SOCIÉTÉ DES ANTIQUAIRES DE L'OUEST
(tome XVIII, année 1895)

Poitiers, Imprimerie Blais, Roy et Cie, 7, rue Victor-Hugo.

P. S. — Depuis l'impression de cet ouvrage, Mlle Louise Thomé, par acte notarié en date du 21 septembre 1895, en hommage à la mémoire de son grand-père et de son oncle, a fait donation entre vifs à la Ville de Poitiers, avec réserve d'usufruit à son profit, du portrait original de son grand-père le Président Thibaudeau, en costume de Législateur de l'an XIII, décrit dans la présente *Introduction* pages 11 et 17, et reproduit dans la troisième des planches qui l'accompagnent, gravées par les imprimeries Lemercier de Paris.

Par le même acte notarié, et sous la même réserve d'usufruit, Mlle Louise Thomé a également fait donation à la Ville de Poitiers, afin que le père et le fils ne soient pas séparés, d'un médaillon en bronze de son oncle. Cet œuvre d'art remarquable, signée de David d'Angers (P.-J. David), et datée de 1832, représente le comte Thibaudeau de profil, et porte derrière la tête l'inscription « A.-C. Thibaudeau », en creux, comme la signature et la date placées au bas de ce beau médaillon.

Les remerciements les plus respectueux sont dus à Mlle Louise Thomé. Le Conseil municipal de Poitiers n'a pas manqué de les lui adresser au nom de tous, dans sa délibération du 16 octobre 1895 portant acceptation de cette donation, acceptée provisoirement au préalable par M. le maire de Poitiers. Nous nous faisons un devoir de renouveler ici personnellement les nôtres.

Th. D.

Mes souvenirs

sur les principaux evenemens de
la revolution, principalement
sur ceux relatifs au departement
de la viene

le recueil forme 2 petits
volumes

le premier traite des evenemens
depuis 1787 jusqu'en fremaire an 2
il y a la fin, quelques additions
qu'on retrouve a chaque epoque
du recit par ces renvois aux pages
de ces additions

Le second comprend les faits depuis
brumaire an 2 jusques a present
il y a de meme des additions.

le 3me volume contient une table
alphabetique du moniteur, des noms
des Legislateurs et autres personages
celebres de nottre temps, aussi avec
des additions a la fin du volume

EN DEFFENDANT LE PEUPLE IL SERVIT BIEN SON ROI.
LE REGNE DU BONHEUR EST CELUI DE LA LOI.
ANT. REN. HIAC. THIBAUDEAU
Avocat Proc. Sindic de l'Adm.on Provinciale
Né à Poitiers en 1737.
Député de la Séné.ssée du Poitou.
à l'Assemblée Nationale
de 1789.

[illegible]

[illegible]

www.ingramcontent.com/pod-product-compliance
Ingram Content Group UK Ltd.
Pitfield, Milton Keynes, MK11 3LW, UK
UKHW020224200726
13856UKWH00004B/1604

9 782011 303097